Mrs Christine Compton
7 Ryelands Crescent
LONDON
SE1

Bond

10 Minute Tests

11⁺-12⁺ years

Alison Primrose

Non-verbal Reasoning

Nelson Thornes

Which pattern on the right belongs in the group on the left?

Example

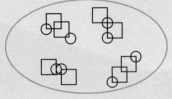

a   b   c   (d)   e

1

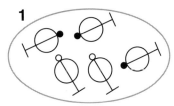

a   b   c   d   e

2

a   b   c   d   e

3

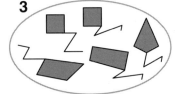

a   b   c   d   e

4

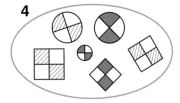

a   b   c   d   e

5

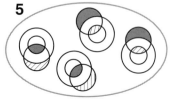

a   b   c   d   e

6

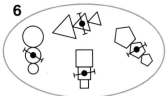

a   b   c   d   e

Which shape or pattern completes the larger square?

Example

a   b   c   (d)   e

7

a   b   c   d   e

8

a   b   c   d   e

9

a   b   c   d   e

10

a   b   c   d   e

11

a   b   c   d   e

12

a   b   c   d   e

Total

Which shape or pattern on the right completes the second pair in the same way as the first pair?

Example

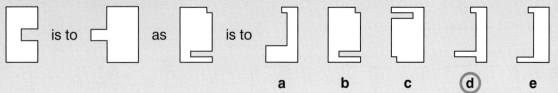

a   b   c   (d)   e

1

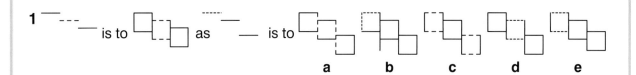

a   b   c   d   e

2

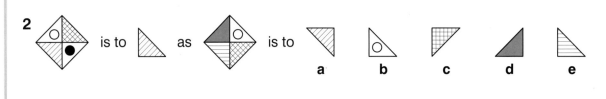

a   b   c   d   e

3

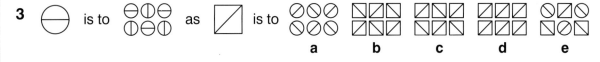

a   b   c   d   e

4

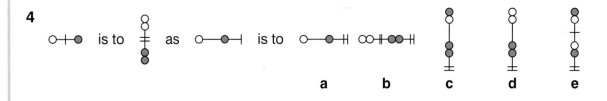

a   b   c   d   e

5

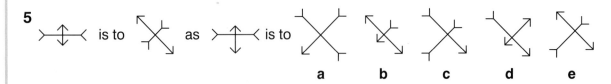

a   b   c   d   e

6

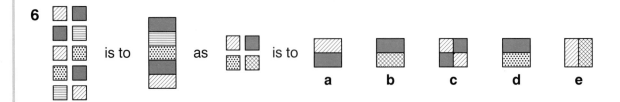

a   b   c   d   e

Which shape on the right is the reflection of the shape given on the left?

Example

	a	b	c	d	e

7

	a	b	c	d	e

8

	a	b	c	d	e

9

	a	b	c	d	e

10

	a	b	c	d	e

11

	a	b	c	d	e

12

	a	b	c	d	e

Total

TEST 3: **Sequences and Grids**

Which one comes next?

Example

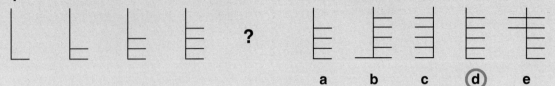

                                                  a   **b**   **c**   **d**   **e**

1

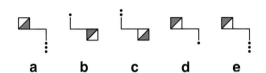

       a   **b**   **c**   **d**   **e**

2

       a   **b**   **c**   **d**   **e**

3

       a   **b**   **c**   **d**   **e**

4

       a   **b**   **c**   **d**   **e**

5

       a   **b**   **c**   **d**   **e**

6

       a   **b**   **c**   **d**   **e**

Which shape or pattern completes the larger square?

Example

a   b   c   (d)   e

7

a   b   c   d   e

8

a   b   c   d   e

9

a   b   c   d   e

10

a   b   c   d   e

11

a   b   c   d   e

12

a   b   c   d   e

Total

Test time: 0 |||||| 5 |||||| 10 minutes

Which pattern on the right belongs in the group on the left?

Example

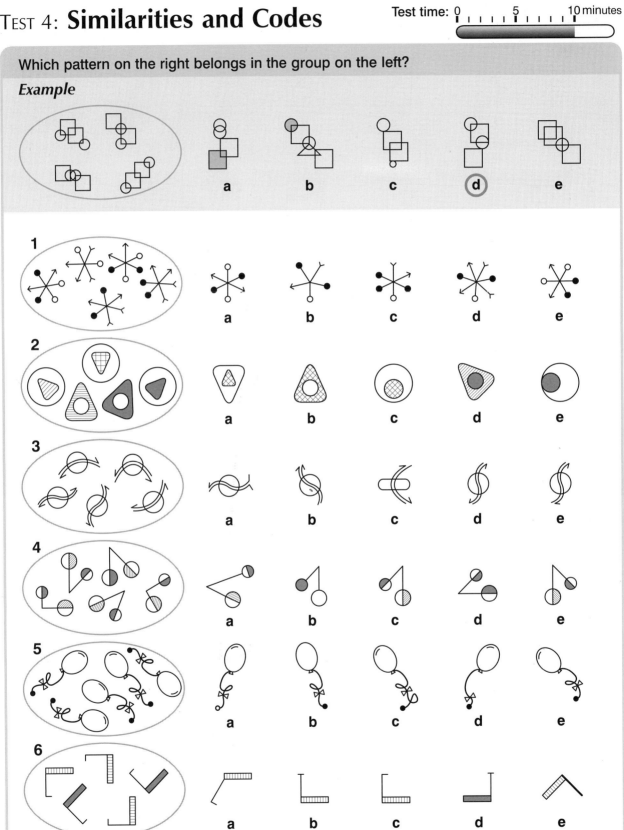

Which code matches the shape or pattern given at the end of each line?

Example

						BZ	AZ	CX	BY	CZ
AX	AY	BZ	CY	BX	?	a	b	c	d	(e)

7

						BR	CU	AR	BT	AS
AU	BS	CT	AT	CR	?	a	b	c	d	e

8

						BZ	AY	CZ	AX	CX
BY	BX	CX	AZ	CY	?	a	b	c	d	e

9

						AN	AM	AO	CL	CM
AL	CN	BM	BL	CO	?	a	b	c	d	e

10

						XG	YH	XF	ZG	YF
YF	ZH	YG	ZF	XH	?	a	b	c	d	e

11

						CG	CF	BH	AE	AH
BE	BG	AF	BF	CE	CH	?	a	b	c	d	e

12

						FT	GS	GT	DU	EV
ES	FV	DT	GV	EU	?	a	b	c	d	e

TEST 5: **Analogies and Cubes**

Test time: 0 ...... 5 ...... 10 minutes

Which shape or pattern on the right completes the second pair in the same way as the first pair?

Example

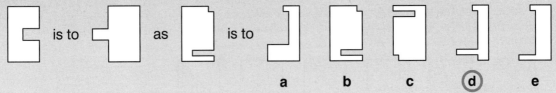

                                     a   b   c   (d)   e

1

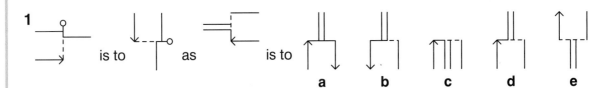

2

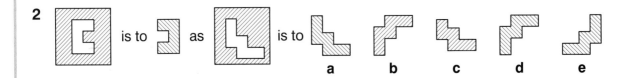

3

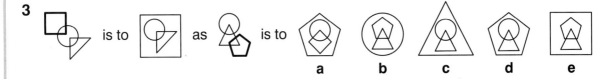

4

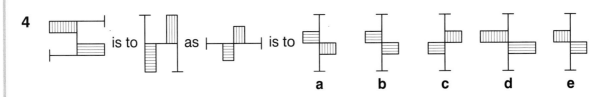

5

6

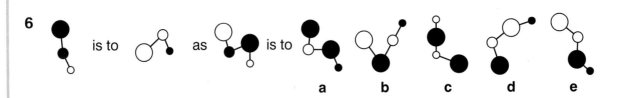

10

Which cube cannot be made from the given net?

Example

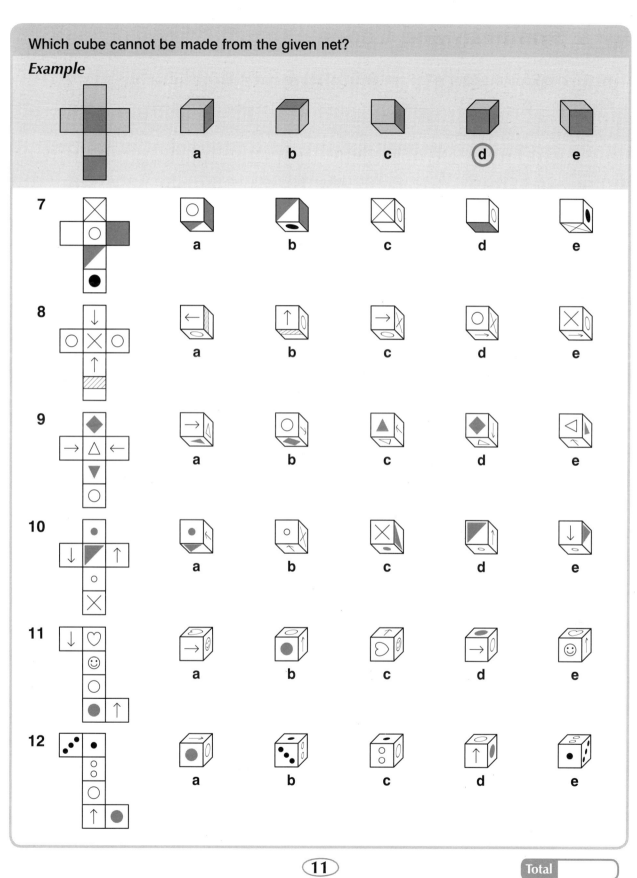

a   b   c   (d)   e

7   a   b   c   d   e

8   a   b   c   d   e

9   a   b   c   d   e

10   a   b   c   d   e

11   a   b   c   d   e

12   a   b   c   d   e

11

Total

TEST 6: **Symmetry and Codes**

Which shape on the right is the reflection of the shape given on the left?

Example

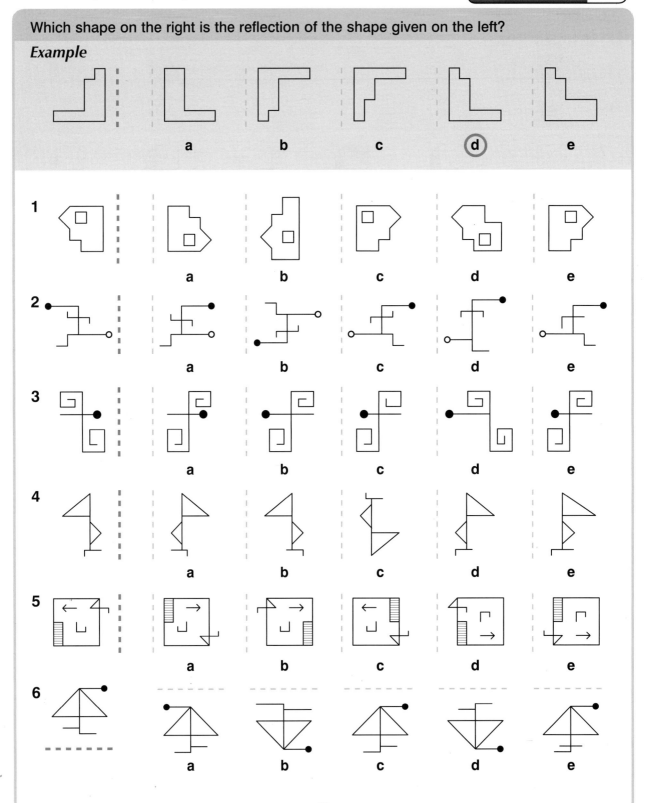

Which code matches the shape or pattern given at the end of each line?

Example

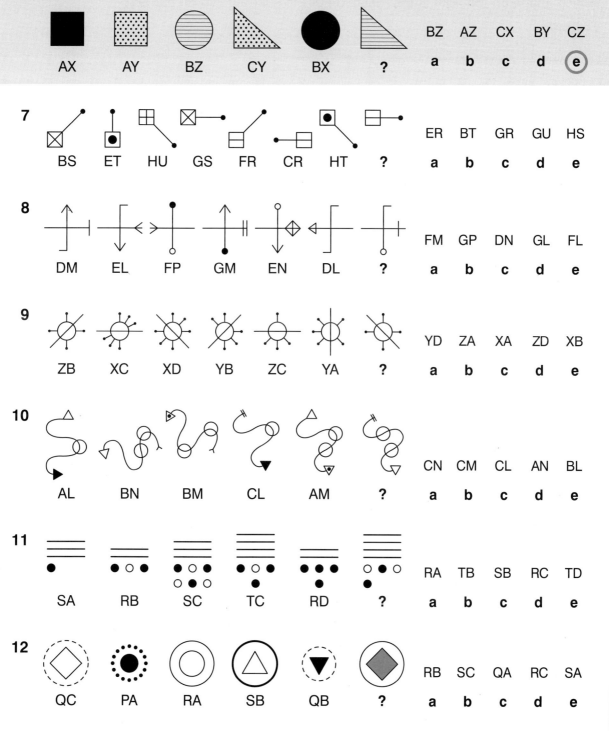

Example row:

						BZ	AZ	CX	BY	CZ
AX	AY	BZ	CY	BX	?	a	b	c	d	(e)

7

								ER	BT	GR	GU	HS
BS	ET	HU	GS	FR	CR	HT	?	a	b	c	d	e

8

								FM	GP	DN	GL	FL
DM	EL	FP	GM	EN	DL	?		a	b	c	d	e

9

							YD	ZA	XA	ZD	XB
ZB	XC	XD	YB	ZC	YA	?	a	b	c	d	e

10

						CN	CM	CL	AN	BL
AL	BN	BM	CL	AM	?	a	b	c	d	e

11

						RA	TB	SB	RC	TD
SA	RB	SC	TC	RD	?	a	b	c	d	e

12

						RB	SC	QA	RC	SA
QC	PA	RA	SB	QB	?	a	b	c	d	e

Total

Test 7: **Symmetry and Cubes**

Which shape on the right is the reflection of the shape given on the left?

Example

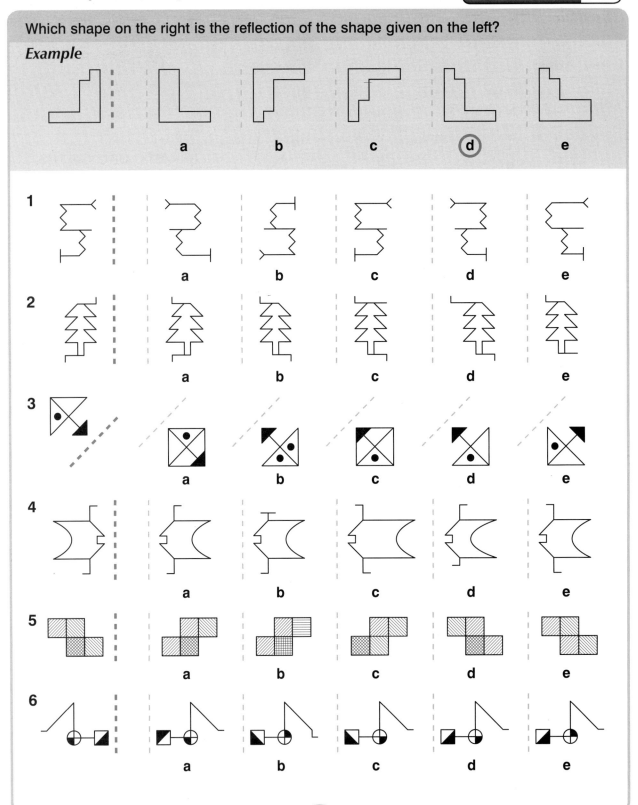

Which cube cannot be made from the given net?

Example

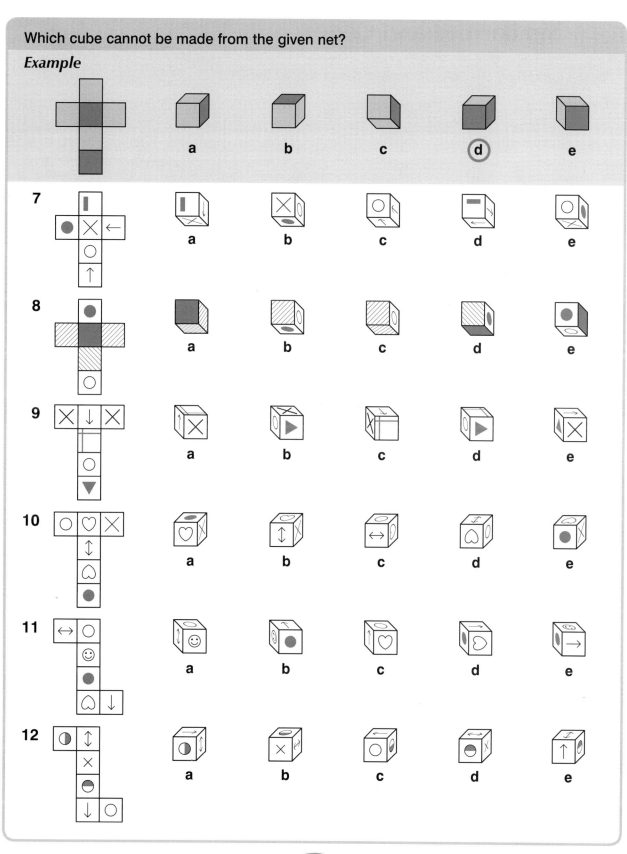

7

8

9

10

11

12

Total

Similarities and Codes

Which pattern on the right belongs in the group on the left?

Example

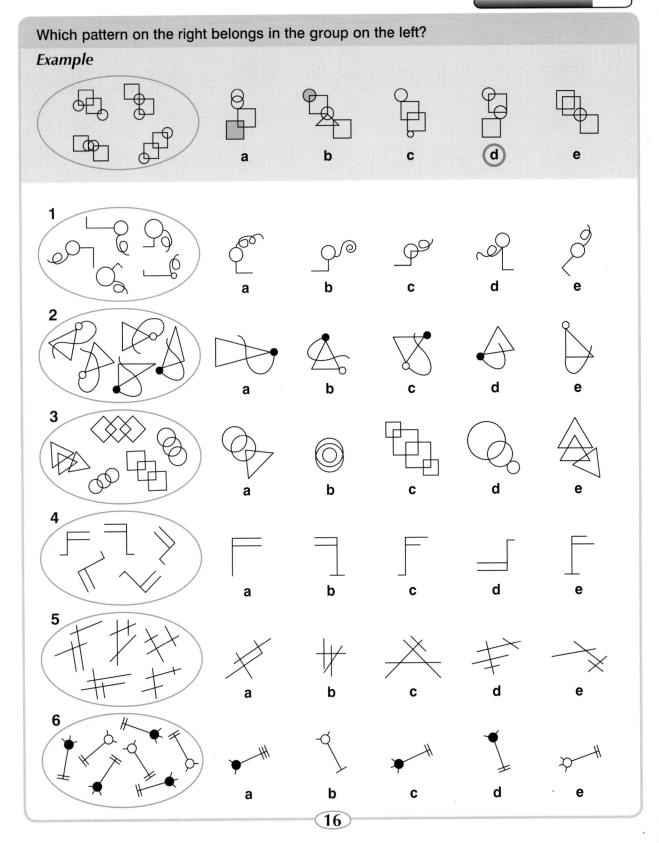

Which code matches the shape or pattern given at the end of each line?

Example

						BZ	AZ	CX	BY	CZ
AX	AY	BZ	CY	BX	?	a	b	c	d	(e)

7

							BN	CL	AO	BO	DM
AM	CN	DN	CO	BM	AL	?	a	b	c	d	e

8

							GS	DT	GR	ET	FR
ES	DR	DS	GT	ER	FT	?	a	b	c	d	e

9

							DN	DO	AN	AM	DL
AL	BM	CN	BO	DM	?		a	b	c	d	e

10

							LU	KS	JU	KT	LV
KU	JT	JV	LT	KV	LS	?	a	b	c	d	e

11

						GS	EQ	GR	ES	FP
FQ	DR	GP	ER	FS	?	a	b	c	d	e

12

							DO	FL	EN	DN	GO
DM	FN	GL	EO	EM	FO	?	a	b	c	d	e

Time for a break! Go to Puzzle Page 43 17 Total

Test time: 0 | | | | | 5 | | | | | 10 minutes

Which shape or pattern on the right completes the second pair in the same way as the first pair?

Example

is to   as   is to

a   b   c   (d)   e

1 is to   as   is to

a   b   c   d   e

2 is to   as   is to

a   b   c   d   e

3 is to   as   is to

a   b   c   d   e

4 is to   as   is to

a   b   c   d   e

5 is to   as   is to

a   b   c   d   e

6 is to   as   is to

a   b   c   d   e

18

Which one comes next?

Example

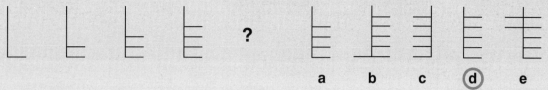

a   b   c   ⓓ   e

7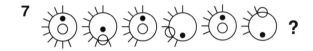

a   b   c   d   e

8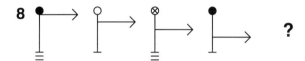

a   b   c   d   e

9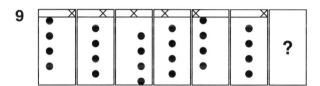

a   b   c   d   e

10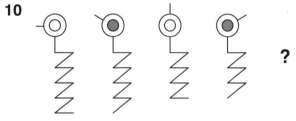

a   b   c   d   e

11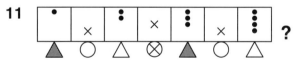

a   b   c   d   e

12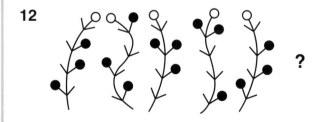

a   b   c   d   e

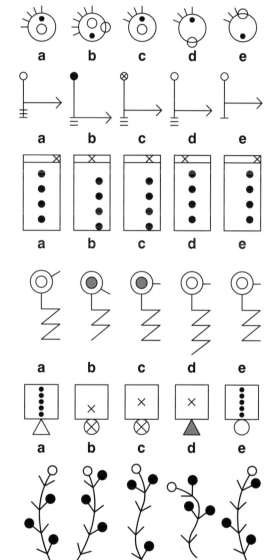

Total

TEST 10: Grids and Cubes

Which shape or pattern completes the larger square?

Example

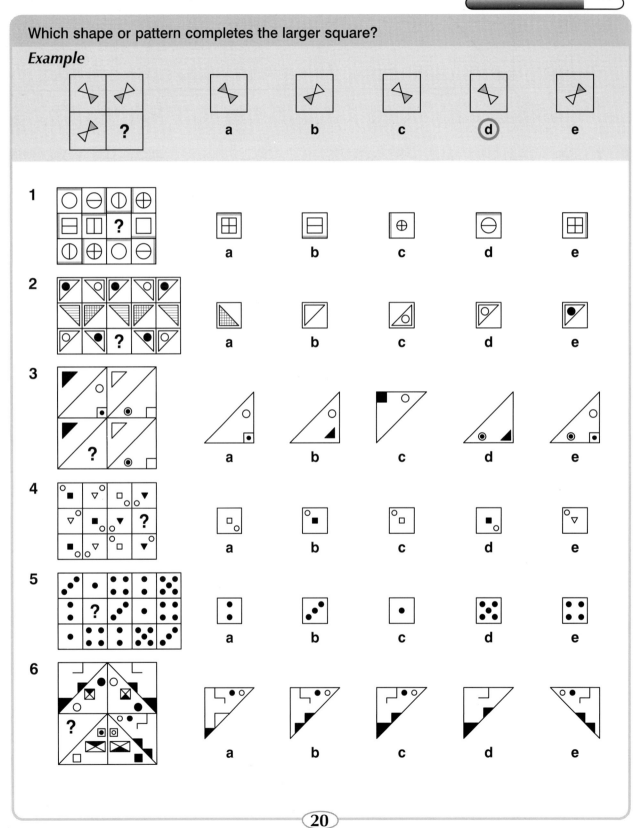

Which cube cannot be made from the given net?

Example

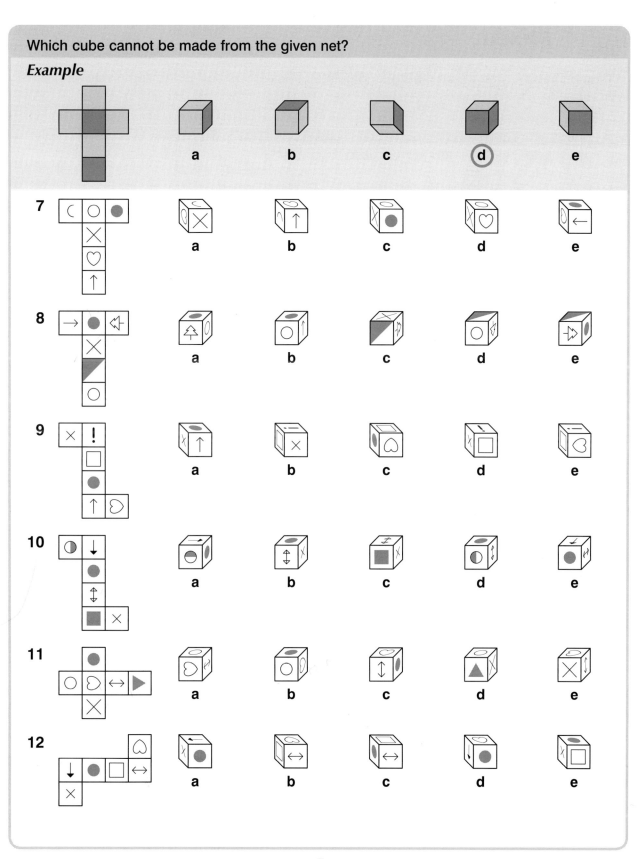

Which shape or pattern on the right completes the second pair in the same way as the first pair?

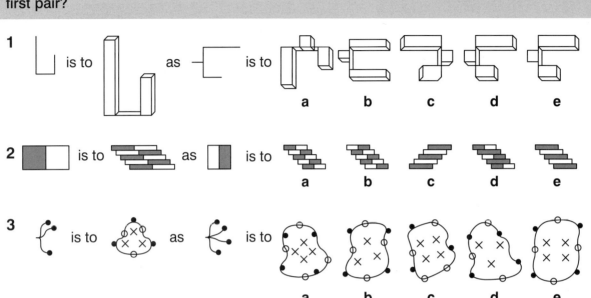

1

2

3

Which shape or pattern completes the larger square?

4

 a   b   c   d   e

5

 a   b   c   d   e

6

 a   b   c   d   e

Which cube cannot be made from the given net?

7

a b c d e

8

a b c d e

9

a b c d e

Which code matches the shape or pattern given at the end of each line?

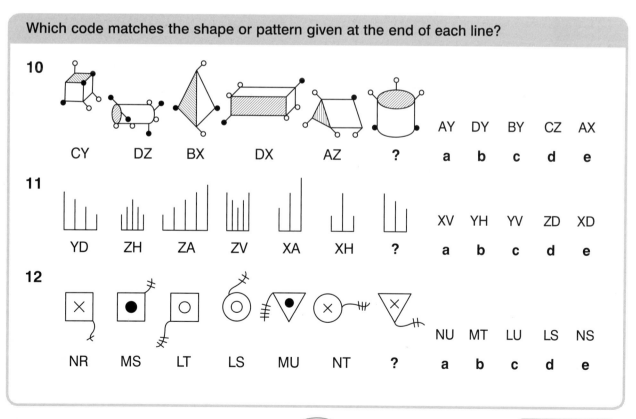

10

CY DZ BX DX AZ ?

AY	DY	BY	CZ	AX
a	b	c	d	e

11

YD ZH ZA ZV XA XH ?

XV	YH	YV	ZD	XD
a	b	c	d	e

12

NR MS LT LS MU NT ?

NU	MT	LU	LS	NS
a	b	c	d	e

Total

Test time: 0 |ıııı| 5 |ıııı| 10 minutes

Which pattern on the right belongs in the group on the left?

1

a   b   c   d   e

2

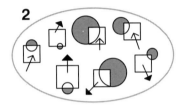

a   b   c   d   e

3

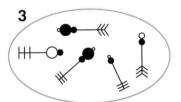

a   b   c   d   e

Which one comes next?

4 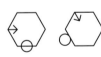   ?

a   b   c   d   e

5 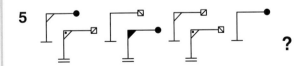 ?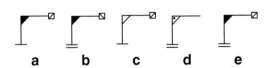

a   b   c   d   e

6  ?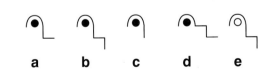

a   b   c   d   e

Answers

TEST 1: Similarities and Grids	
1	c
2	a
3	d
4	d
5	e
6	d
7	e
8	d
9	e
10	c
11	d
12	e

TEST 4: Similarities and Codes	
1	e
2	b
3	d
4	e
5	e
6	c
7	a
8	d
9	b
10	c
11	a
12	c

TEST 7: Symmetry and Cubes	
1	d
2	b
3	d
4	e
5	a
6	c
7	c
8	e
9	d
10	c
11	d
12	b

TEST 2: Analogies and Reflection	
1	e
2	e
3	c
4	d
5	e
6	b
7	c
8	e
9	d
10	e
11	d
12	c

TEST 5: Analogies and Cubes	
1	d
2	e
3	d
4	a
5	e
6	d
7	d
8	e
9	c
10	c
11	e
12	c

TEST 8: Similarities and Codes	
1	e
2	a
3	e
4	d
5	e
6	c
7	d
8	c
9	a
10	e
11	d
12	d

TEST 3: Sequences and Grids	
1	e
2	c
3	e
4	d
5	d
6	a
7	c
8	e
9	d
10	d
11	c
12	d

TEST 6: Symmetry and Codes	
1	e
2	c
3	e
4	a
5	b
6	d
7	c
8	e
9	d
10	a
11	b
12	d

TEST 9: Analogies and Sequences	
1	e
2	c
3	d
4	a
5	c
6	d
7	c
8	d
9	c
10	e
11	c
12	e

Answers

TEST 10: **Grids and Cubes**
1 e
2 d
3 a
4 c
5 d
6 b
7 d
8 e
9 b
10 e
11 a
12 c

TEST 13: **Mixed**
1 e
2 d
3 c
4 e
5 b
6 d
7 b
8 a
9 b
10 c
11 d
12 e

TEST 16: **Mixed**
1 c
2 d
3 b
4 e
5 c
6 e
7 c
8 b
9 a
10 c
11 c
12 e

TEST 11: **Mixed**
1 d
2 b
3 e
4 a
5 c
6 d
7 e
8 d
9 e
10 c
11 e
12 e

TEST 14: **Mixed**
1 a
2 d
3 b
4 a
5 e
6 c
7 e
8 c
9 d
10 b
11 a
12 c

TEST 17: **Mixed**
1 d
2 d
3 a
4 b
5 e
6 b
7 d
8 e
9 b
10 d
11 e
12 c

TEST 12: **Mixed**
1 d
2 a
3 d
4 c
5 e
6 b
7 c
8 e
9 a
10 d
11 b
12 c

TEST 15: **Mixed**
1 e
2 d
3 d
4 b
5 a
6 c
7 d
8 c
9 b
10 d
11 a
12 c

TEST 18: **Mixed**
1 b
2 e
3 a
4 c
5 b
6 d
7 e
8 c
9 d
10 e
11 d
12 b

Answers

TEST 19: **Mixed**

1	e
2	b
3	c
4	a
5	b
6	e
7	d
8	c
9	a
10	d
11	c
12	b

TEST 20: **Mixed**

1	a
2	c
3	d
4	e
5	b
6	d
7	c
8	b
9	d
10	a
11	c
12	e

Answers

Puzzle ❶

a 3
b 5
c 4
d 2
e 1

a 7
b 6
c 2
d 1
e 3
f 4
g 5

Puzzle ❸

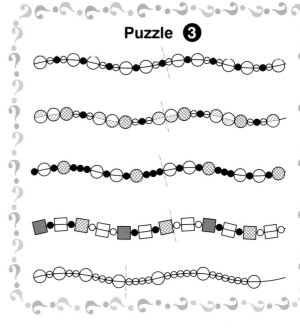

Puzzle ❷

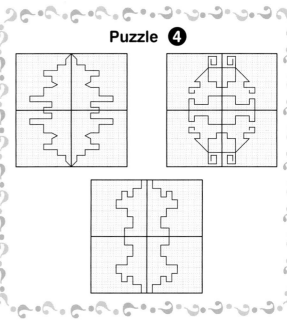

Puzzle ❹

Puzzle ❺

Code 1 Meet me at the park today
Code 2 Please come to my party tomorrow
Code 3 There is gold at the bottom of our garden!

Which cube cannot be made from the given net?

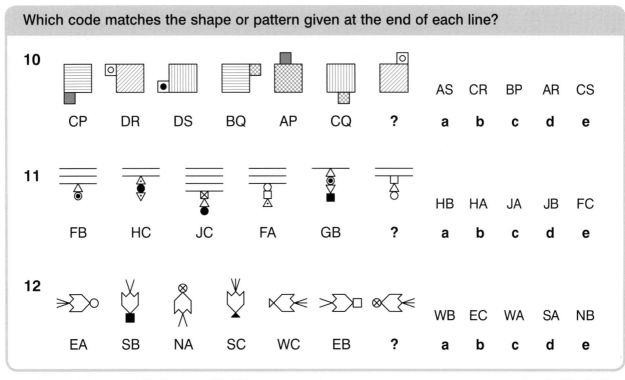

7

a   b   c   d   e

8

a   b   c   d   e

9

a   b   c   d   e

Which code matches the shape or pattern given at the end of each line?

10

CP   DR   DS   BQ   AP   CQ   ?

AS	CR	BP	AR	CS
a	b	c	d	e

11

FB   HC   JC   FA   GB   ?

HB	HA	JA	JB	FC
a	b	c	d	e

12

EA   SB   NA   SC   WC   EB   ?

WB	EC	WA	SA	NB
a	b	c	d	e

Which shape or pattern on the right completes the second pair in the same way as the first pair?

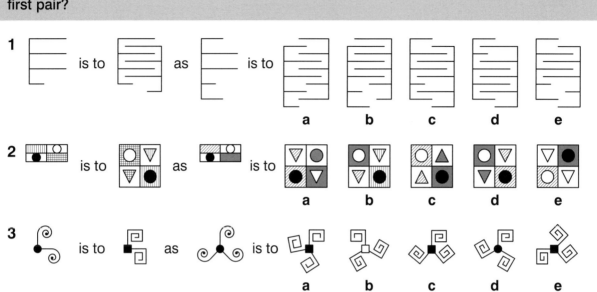

1
2
3
a   b   c   d   e

Which shape on the right is the reflection of the shape given on the left?

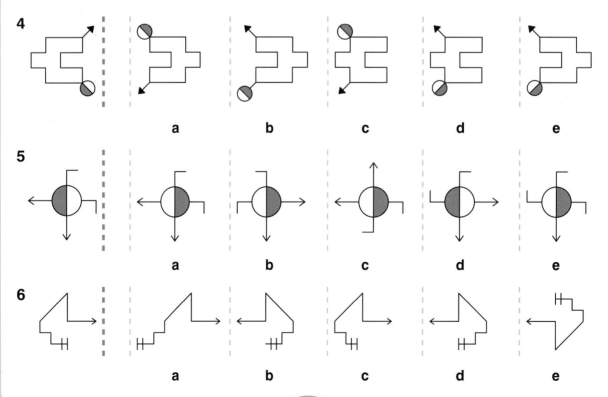

4
a   b   c   d   e

5
a   b   c   d   e

6
a   b   c   d   e

Which code matches the shape or pattern given at the end of each line?

7

ZA	YC	XB	YA	ZD
a	b	c	d	e

XA   YD   ZC   XD   ZB   ?

8

RY	QX	SZ	RZ	QY
a	b	c	d	e

PZ   PY   SY   RX   SX   QZ   ?

9

AX	CX	BW	AY	CV
a	b	c	d	e

AV   BX   AW   BV   CY   ?

Which shape or pattern is made when the first two shapes or patterns are put together?

Example

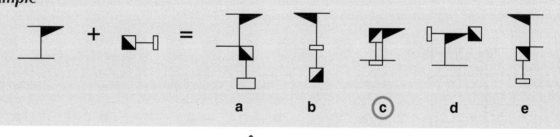

    a   b   (c)   d   e

10

    a   b   c   d   e

11

    a   b   c   d   e

12

    a   b   c   d   e

Total

Test 14: **Mixed**

Test time: 0 5 10 minutes

Which pattern on the right belongs in the group on the left?

1

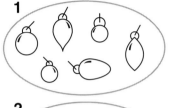 a b c d e

2

 a b c d e

3

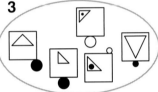 a b c d e

Which shape or pattern completes the larger square?

4

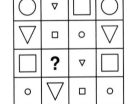 a b c d e

5

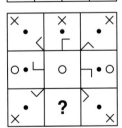 a b c d e

6

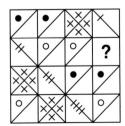 a b c d e

28

Which cube cannot be made from the given net?

7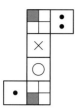

                   a   **b**   **c**   **d**   **e**

8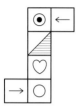

                   a   **b**   **c**   **d**   **e**

9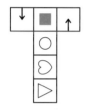

                   a   **b**   **c**   **d**   **e**

Which shape or pattern is made when the first two shapes or patterns are put together?

10 + =

                             a   **b**   **c**   **d**   **e**

11 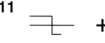 + =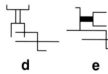

                             a   **b**   **c**   **d**   **e**

12 + =

                             a   **b**   **c**   **d**   **e**

Total

TEST 15: **Mixed**

Which shape or pattern on the right completes the second pair in the same way as the first pair?

1

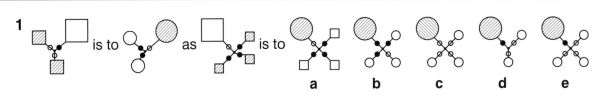

a   b   c   d   e

2

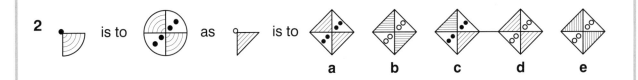

a   b   c   d   e

3

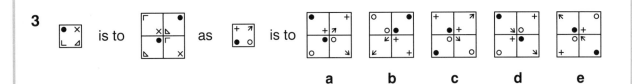

a   b   c   d   e

Which one comes next?

4

a   b   c   d   e

5

?

a   b   c   d   e

6

?

a   b   c   d   e

Which cube cannot be made from the given net?

7

a   b   c   d   e

8

a   b   c   d   e

9

a   b   c   d   e

Which code matches the shape or pattern given at the end of each line?

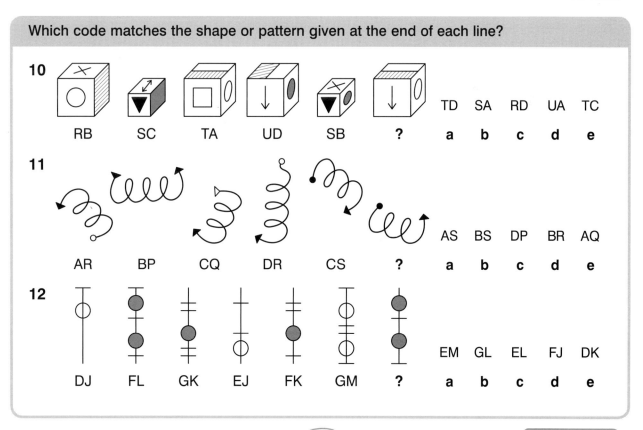

10

RB   SC   TA   UD   SB   ?

        TD   SA   RD   UA   TC

        a   b   c   d   e

11

AR   BP   CQ   DR   CS   ?

        AS   BS   DP   BR   AQ

        a   b   c   d   e

12

DJ   FL   GK   EJ   FK   GM   ?

        EM   GL   EL   FJ   DK

        a   b   c   d   e

Total

Which pattern on the right belongs in the group on the left?

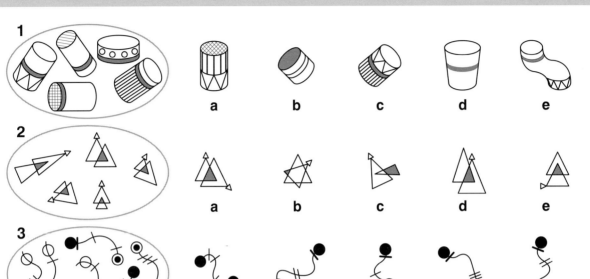

1
    a   b   c   d   e

2
    a   b   c   d   e

3
    a   b   c   d   e

Which shape or pattern completes the larger square?

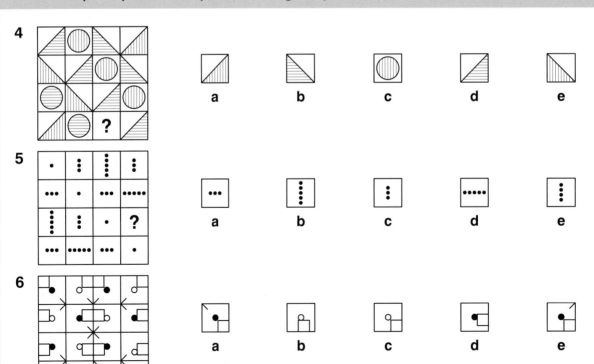

4
    a   b   c   d   e

5
    a   b   c   d   e

6
    a   b   c   d   e

Which cube cannot be made from the given net?

7 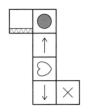   **a**   **b**   **c**   **d**   **e**

8 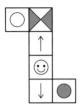   **a**   **b**   **c**   **d**   **e**

9 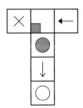   **a**   **b**   **c**   **d**   **e**

Which shape or pattern is made when the first two shapes or patterns are put together?

10 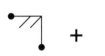   **a**   **b**   **c**   **d**   **e**

11    **a**   **b**   **d**   **c**   **e**

12 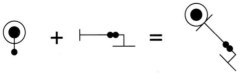   **a**   **b**   **c**    **d**   **e**

TEST 17: **Mixed**

Which pattern on the right belongs in the group on the left?

1

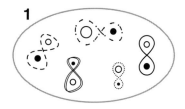

a   b   c   d   e

2

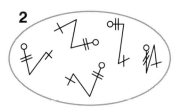

a   b   c   d   e

3

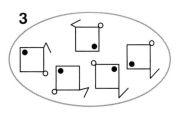

a   b   c   d   e

Which shape or pattern on the right completes the second pair in the same way as the first pair?

4 is to as is to

a   b   c   d   e

5 is to as is to

a   b   c   d   e

6 is to as is to

a   b   c   d   e

Which one comes next?

7 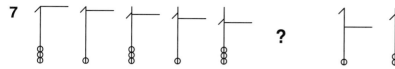 **?**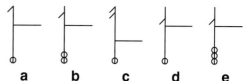

                          a   **b**   **c**   **d**   **e**

8  **?**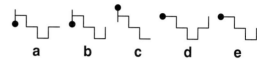

                          a   **b**   **c**   **d**   **e**

9  **?**

                          a   **b**   **c**   **d**   **e**

Which code matches the shape or pattern given at the end of each line?

10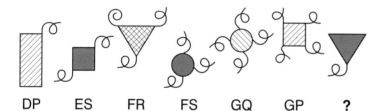

							EQ	DR	GS	DS	FP
DP	ES	FR	FS	GQ	GP	?	a	b	c	d	e

11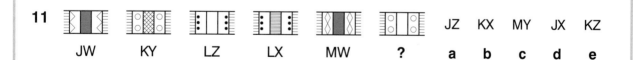

							JZ	KX	MY	JX	KZ
JW	KY	LZ	LX	MW	?		a	b	c	d	e

12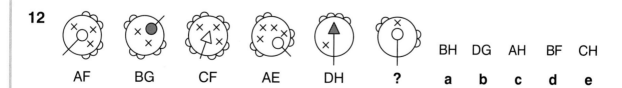

							BH	DG	AH	BF	CH
AF	BG	CF	AE	DH	?		a	b	c	d	e

Total

Which pattern on the right belongs in the group on the left?

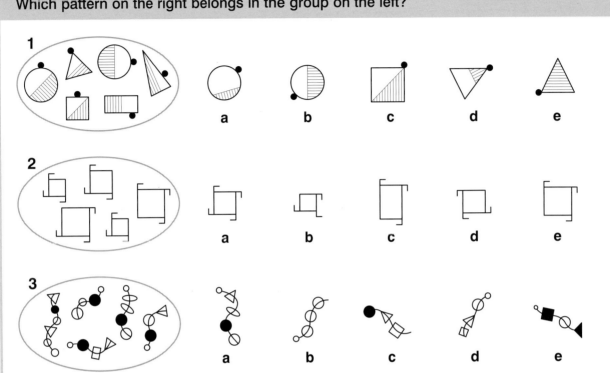

1

a   b   c   d   e

2

a   b   c   d   e

3

a   b   c   d   e

Which shape on the right is the reflection of the shape given on the left?

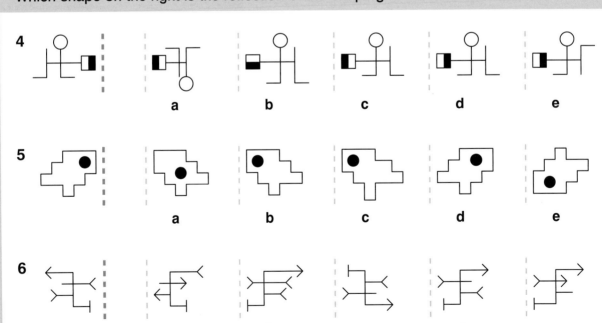

4

a   b   c   d   e

5

a   b   c   d   e

6

a   b   c   d   e

Which cube cannot be made from the given net?

7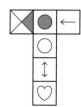

a   b   c   d   e

8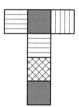

a   b   c   d   e

9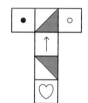

a   b   c   d   e

Which shape or pattern is made when the first two shapes or patterns are put together?

10 + =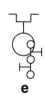

a   b   c   d   e

11 + =

a   b   c   d   e

12 + 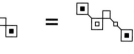 =

a   b   c   d   e

Total

Which shape or pattern on the right completes the second pair in the same way as the first pair?

1 is to as is to   ...   .

           a   b   c   d   e

2 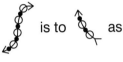 is to ... as ... is to ... ...

           a   b   c   d   e

3 ... is to ... as ... is to ... ...

           a   b   c   d   e

Which one comes next?

4 ?

           a   b   c   d   e

5  ?   ... ...

           a   b   c   d   e

6  ?

           a   b   c   d   e

Which cube cannot be made from the given net?

7

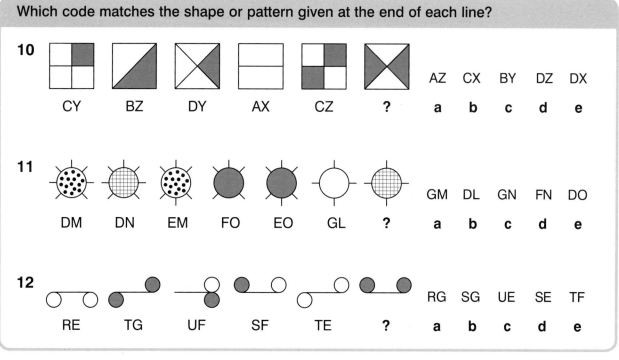

a   b   c   d   e

8

a   b   c   d   e

9

a   b   c   d   e

Which code matches the shape or pattern given at the end of each line?

10

CY   BZ   DY   AX   CZ   ?

AZ	CX	BY	DZ	DX
a	b	c	d	e

11

DM   DN   EM   FO   EO   GL   ?

GM	DL	GN	FN	DO
a	b	c	d	e

12

RE   TG   UF   SF   TE   ?

RG	SG	UE	SE	TF
a	b	c	d	e

Total

Test time: 0 |||||| 5 ||||| 10 minutes

Which pattern on the right belongs in the group on the left?

1

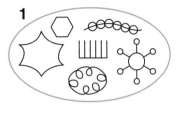

a

b

c

d

e

2

a

b

c

d

e

3

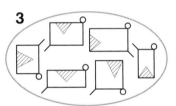

a

b

c

d

e

Which shape or pattern on the right completes the second pair in the same way as the first pair?

4
 is to as  is to

a

b

c

d

e

5
 is to as is to

a

b

c

d

e

6
 is to as is to

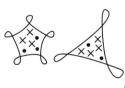
a

b

c

d

e

Which shape on the right is the reflection of the shape given on the left?

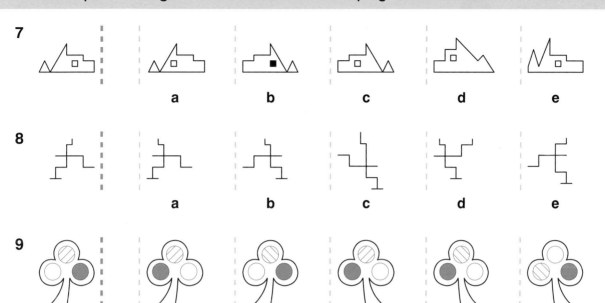

7
a   b   c   d   e

8
a   b   c   d   e

9
a   b   c   d   e

Which cube cannot be made from the given net?

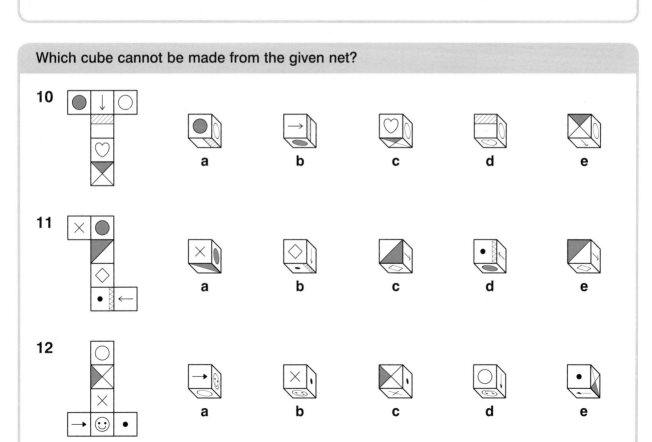

10
a   b   c   d   e

11
a   b   c   d   e

12
a   b   c   d   e

Time for a break! Go to Puzzle Page 46 ▶

Total

Puzzle ❶

Decide which numbered piece fits in the missing squares on the puzzles.

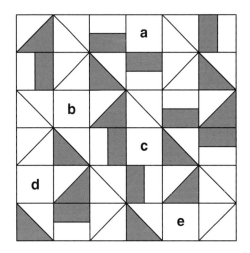

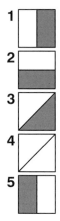

a = ☐

b = ☐

c = ☐

d = ☐

e = ☐

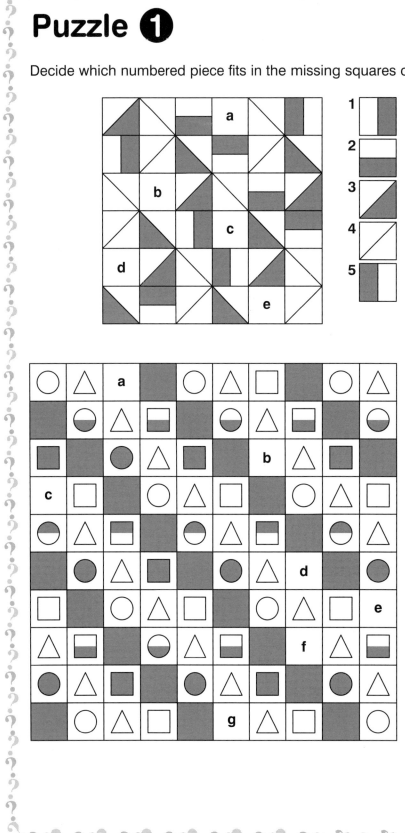

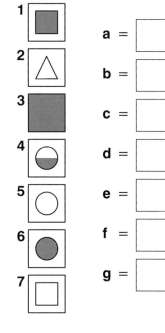

a = ☐

b = ☐

c = ☐

d = ☐

e = ☐

f = ☐

g = ☐

Puzzle ❷

In the set of shapes below, there are six different types of shapes. Each type of shape appears three times. Identify the identical shapes – you may want to draw a circle around one set of identical shapes, a square around another set, etc.

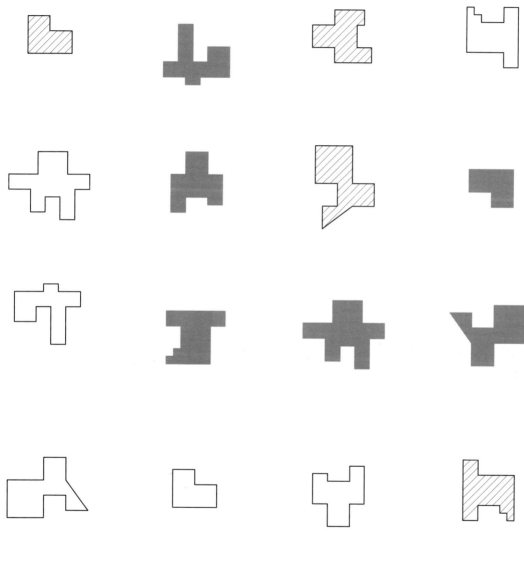

Puzzle ❸

Continue the pattern on these rows of beads.

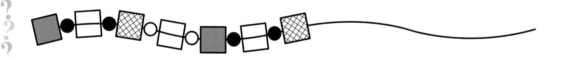

Puzzle ❹

Complete these patterns by drawing their reflection in the dotted mirror lines.

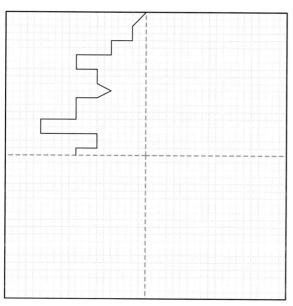

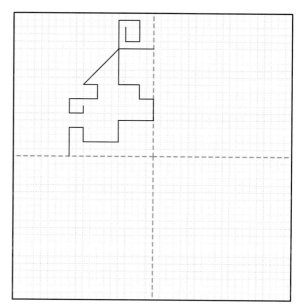

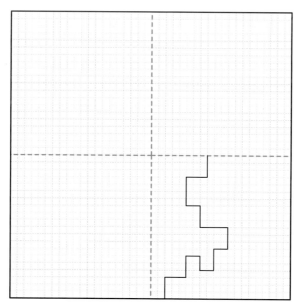

Puzzle ⑤

Here are some messages written in code. Use the codes to work out what the messages say. An alphabet line is provided to help.

A B C D E F G H I J K L M N O P Q R S T U V W X Y Z

Code 1   CAT = ECV

What does this message say?

OGGV   OG   CV   VJG   RCTM   VQFCA

Code 2   WEST = VDRS

OKDZRD   BNLD   SN   LX   OZQSX   SNLNQQNV

Code 3   SEAT = PBXQ

QEBOB   FP   DLIA   XQ   QEB   YLQQLJ   LC   LRO   DXOABK!

Code 1:...

Code 2:...

....

Code 3:...

....

Now try writing your own messages in code and get a friend to decode them.

Progress Grid

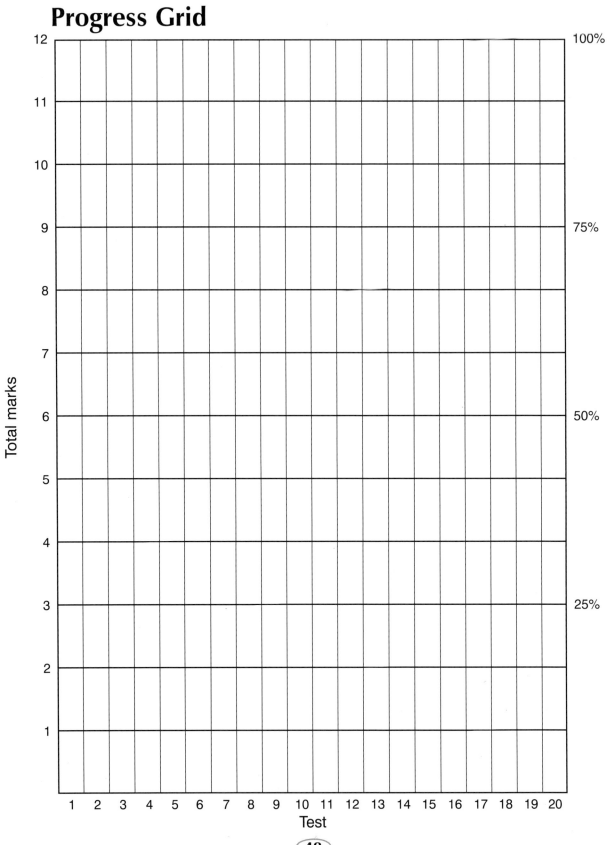

Total marks

Test